Das Leben des heiligen Wolfgang

Michael Fuchs

Das Leben des heiligen Wolfgang

Mit 50 Holzschnitten

Verlag Friedrich Pustet
Regensburg

Bibliografische Information der Deutschen Nationalbibliothek
Die Deutsche Nationalbibliothek verzeichnet diese Publikation in der Deutschen Nationalbibliografie; detaillierte bibliografische Daten sind im Internet über https://dnb.dnb.de abrufbar.

Gutenbergstraße 8 · 93051 Regensburg
Tel. 0941/920220 · verlag@pustet.de

ISBN 978-3-7917-3486-6
Umschlaggestaltung: Heike Jörss, Regensburg
Umschlagbild: Der heilige Wolfgang verlässt Regensburg
Holzschnitt, um 1515
Satz: Vollnhals Fotosatz, Neustadt a. d. Donau
Druck und Bindung: Friedrich Pustet, Regensburg
Printed in Germany 2023

eISBN 978-3-7917-7482-4 (pdf)

„Genügt es, sich zu vertiefen in Quellen,
ohne die Hände, die unsichtbaren, zu suchen?“

(Aus dem Gedicht „Kirche, Hirten und Quellen“
von Karol Wojtyła)

Vorwort

Kann uns ein Heiliger des 10. Jahrhunderts heute noch etwas sagen? Der heilige Wolfgang auf jeden Fall! Sein lebenslanges Suchen nach Gott, seine Bemühungen um innere und äußere kirchliche Reformen, sein Verständnis von Dienst und Aufgabe, seine Hingabe an die Armen, seine Liebe zu den Heiligen und sein Umgehen mit Schuld und Versagen – in allem ist er uns Vorbild und Mahner.

Die 50 Holzschnittbilder mit Kurztexten waren am Beginn des 16. Jahrhunderts eine wunderschöne und weit verbreitete Form, den Gläubigen das Leben des heiligen Wolfgang in seinen Facetten fast wie in einem Comic zu erschließen. Die Bilder sind in ihrer Schlichtheit und Klarheit auch heute noch ansprechend. Dazu kommen neue Texte: Im ersten Absatz werden historische Daten und Abschnitte aus einer der Legenden oder einer Erzählung zusammengetragen. Legenden-Zitate – meist aus der Legende des Mönchs Otloh – sind *kursiv* gesetzt. Ein zweiter Teil bringt eigene Gedanken des Autors, Hintergründe und Zusammenhänge, die dann in einem dritten Abschnitt in einen Bibelvers (wieder *kursiv*) und ein kurzes Gebet münden.

Bilder und Texte wollen zum eigenen Betrachten des Heiligen einladen und zum persönlichen und gemeinsamen

Beten anregen. Die Erzählung, wie Wolfgang mit dem Stab seinem durstigen Begleiter eine Wasserquelle erschließt (siehe Nr. 21), ist dafür ein gutes Leitbild. So kann der heilige Wolfgang – durch alle Zeitbedingtheit und Eigenart hindurch – erneut mutiges Vorbild, segensreicher Vorbeter und Fürbitter werden.

Ein herzlicher Dank sei Stefan Dorfner, Christoph Binninger und Josef Ammer für die zahlreichen Hinweise gesagt.

Michael Fuchs

Inhalt

1. Wolfgang kommt zur Welt

Im Jahr 924 wird Wolfgang *„im Schwabenland"* geboren, manche vermuten Pfullingen bei Reutlingen als Geburtsort. Seine Eltern *„litten weder an Reichtum noch an Armut"*, sind also weder Adelige noch Bettelleute. Als Schwangere sieht seine Mutter in einer Vision einen Stern in ihrem Schoß, und die Sterne am Himmel erinnern an das Buch Daniel: „Die Männer, die viele zum rechten Tun geführt haben, [werden glänzen] wie die Sterne für immer und ewig." (Dan 12,3) Die Hebamme bringt das Neugeborene zur glücklichen Mutter, die es mit gekreuzten Armen grüßt. Am Bett ist der Jesus-Name angebracht, Wasserbehälter und Tücher erinnern an die überstandene Geburt.

Glückliche Mutter und glückliche Eltern: Ein neuer Anfang ist ihnen geschenkt, mit dem Kind verbinden sie Hoffnung und Leben. Was wird aus ihm werden? Ein Stern am Himmel? Ein erfrischender und Leben spendender Geist? Ein Freund Jesu? Ein Sorgenkind? Ein suchender Wanderer?

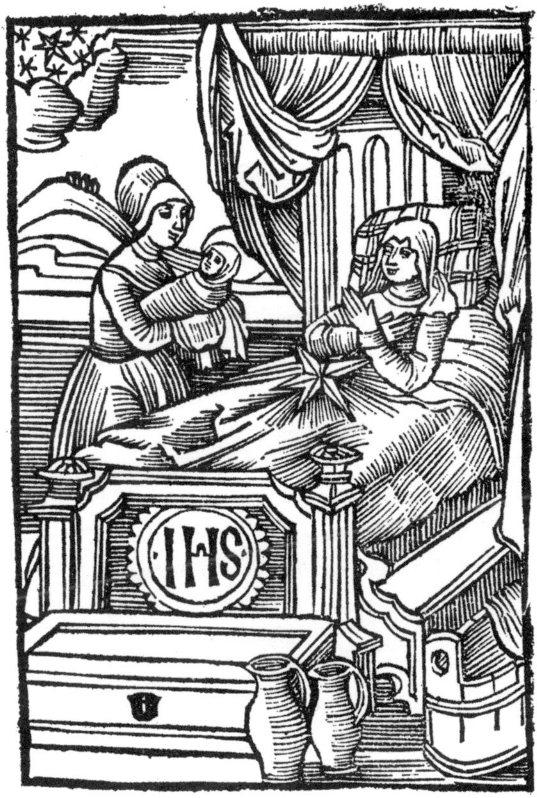

„Wenn die Frau gebären soll, hat sie Trauer, weil ihre Stunde gekommen ist; aber wenn sie das Kind geboren hat, denkt sie nicht mehr an ihre Not über der Freude, dass ein Mensch zur Welt gekommen ist.“ (Joh 16,21)

Heiliger Wolfgang, sei allen Müttern und Vätern nahe, die ein Kind erwarten. Begleite sie in ihrem Bangen und Hoffen und bitte für sie bei Christus, unserem Herrn.

2. Wolfgang wird getauft

Die Eltern bringen den kleinen Wolfgang zur Taufe. Er *„dürstete von früher Kindheit an sehr nach Gott, der Quelle des Lebens“*. Auf dem Bild streckt er seine Arme zum Wasser und zur gespiegelten Sonne aus. Der taufende und segnende Priester tauft Wolfgang im Namen des dreifaltigen Gottes, was im Deckenbogen durch drei leicht unterschiedliche Fruchtgebinde angedeutet ist. Die Mutter trägt die Taufkerze, der Vater das Taufkleid.

Die leibliche Familie weitet sich zur Gemeinschaft im Glauben. Das Kind wird in den dreifaltigen Gott hineingetauft, es soll mit Christus durch Leid und Leben gehen. Kerze und Sonne erinnern an Ostern. Oft wird Wolfgang später andere Kleider anziehen, doch das Taufkleid ist bleibender Anfang und Auftrag zugleich.

„Darum geht und macht alle Völker zu meinen Jüngern, tauft sie auf den Namen des Vaters und des Sohnes und des Heiligen Geistes.“ (Mt 28,19)

Heiliger Wolfgang, in der Taufe hat dir der dreifaltige Gott durch deine Eltern einen Anfang im Glauben geschenkt. Stärke alle Taufbewerber, begleite uns als Getaufte auf unserem Lebensweg und erbitte für uns ein gläubiges Herz bei Christus, unserem Herrn.

3. Wolfgang kommt in die Schule auf die Insel Reichenau

Mit sieben Jahren kommt Wolfgang zu einem Geistlichen und erhält dort die schulischen Grundlagen. Als er zehn Jahre alt ist, bringen ihn die Eltern zu den Benediktinern auf die Bodensee-Insel Reichenau. Die Schule ist groß und bekannt für ihre guten Lehrer. Schützend und bangend halten Vater und Mutter noch die Hände über dem Kleinen, aber der Lehrer nimmt ihn an der Hand und weist ihn auf die Mitschüler hin. Dort sitzen sie und lesen und schreiben. Aber auch Sprachen, weltliche und heilige Schriften und die sieben freien Künste gehören zu ihren Fächern. Und sie lernen, die Psalmen zu beten und zu singen, bekommen die Lebensordnung der Mönche mit und schließen Freundschaften. Auch einen Heiligen hat Wolfgang hier bereits kennengelernt und ins Herz geschlossen: den heiligen Othmar. Ihm ist auf der Reichenau eine Kapelle geweiht und er taucht im Leben Wolfgangs immer wieder auf.

Weg von den Eltern sind es die ersten Schritte in die Selbständigkeit. Herausgerissen werden aus der elterlichen Geborgenheit: Das tut weh. Doch das Neue gibt ein Stück Freiheit und Zukunft. Hat Wolfgang Heimweh? Hat er gute Freunde gefunden, die ihn annehmen und mittragen? Wie kommt er mit dem Lernen zurecht? Was kann er mitnehmen für sein künftiges Leben?

„Bei den Propheten steht geschrieben: Und alle werden Schüler Gottes sein." (Joh 6,45)

HEILIGER WOLFGANG, in der Schule konntest du Neues entdecken und hast Freundschaften geschlossen. Wecke in uns diesen Entdeckergeist. Mache uns neugierig für die vielen Wunder Gottes und erbitte uns treue Freunde und glaubwürdige Vorbilder bei Christus, unserem Herrn.

4. Wolfgang geht nach Würzburg

Nach 16 Jahren auf der Insel Reichenau bewegt sein adliger Freund Heinrich von Babenberg den 26-jährigen Wolfgang, mit ihm nach Würzburg zu gehen, wo Beppo, ein Bruder Heinrichs, Bischof war. Daher nimmt Wolfgang Abschied vom Bodensee: Er lässt sich vom Lehrer noch einmal segnen, die Eltern stehen etwas besorgt im Tor, doch Wolfgang will weiter.

Wolfgang will mehr, will mehr wissen und tiefer eindringen in die Geheimnisse der Welt und des Glaubens. Er braucht einen neuen Horizont, neue Lehrer, neue Leute um sich. Universitäten gibt es damals noch nicht. Es waren besondere Klosterschulen mit herausragenden und begabten Persönlichkeiten, die Generationen an sich zogen und prägten. Wolfgang erwartet viel, und deswegen geht er mit.

„Ich will ihre [der Weisheit] Spur vom Anfang der Schöpfung an verfolgen.“ (Weish 6,22)

HEILIGER WOLFGANG, ein Leben lang warst du Lernender. Zeige uns, was wir von anderen lernen können. Schenke uns Vorbilder auf unserem Lebensweg und bitte für alle, die uns neue Horizonte eröffnen, bei Christus, unserem Herrn.

5. Wolfgang wird von der Schule verwiesen

Die Würzburger Domschule bekommt 952 einen neuen, hochgebildeten Lehrer aus Italien: Stefan aus Novara. Er soll die Schule wieder nach vorne bringen und mit ihr auch den Schüler Wolfgang weiter fördern. Doch es kommt ganz anders: Wolfgang wird immer wieder von den Mitschülern angefragt, wird selbst zum Erklärer und Vertiefer. Das erträgt der Lehrer nicht. Als Wolfgang den anderen einmal eine Kleinigkeit in einem Standard-Schulbuch darlegen will, eskaliert die Situation und der Lehrer Stefan verweist Wolfgang ziemlich gewaltsam von der Schule.

Eigentlich ist es ein modernes Konzept: Schüler helfen Schülern beim Lernen. Was kann da ein aufgeschlossener Lehrer dagegen haben? Vielleicht ist der Unterschied Wolfgangs zu den Mitschülern zu groß und zum Lehrer zu klein geworden. Wolfgang geht auf die 30 zu, sein Lehrer ist nur wenig älter. Manche sehen gar einen Konflikt zwischen der italienischen und der deutschen Kultur der damaligen Zeit als Hintergrund. Jedenfalls ist es für Wolfgang ein abruptes Ende.

„Schrecken stürzen auf mich ein, verjagt wie vom Wind ist mein Ansehen, wie eine Wolke entschwand mein Heil.“ (Ijob 30,15)

HEILIGER WOLFGANG, du hast dich für deine Freunde bemüht und musstest Ablehnung und Neid ertragen. Bitte für alle Weggestoßenen und Ausgegrenzten bei Christus, unserem Herrn.

6. Wolfgang zieht sich zurück

Nach der Entlassung aus der Domschule in Würzburg zieht sich Wolfgang zurück, vermutlich zum Selbststudium. Er fühlt sich zwischen Klosterleben und Schule – im Bild: zwischen Ordensgewand und Büchern – hin und her gerissen. Oder hat Gott einen ganz anderen Plan? Die Legende stammelt hier und deutet eine große Krise Wolfgangs an: Der *„böse Feind"* wolle ihn *„ersticken"*, doch werde *„die Flamme durch die Glut des Windes noch stärker entfacht"*. Aus seinem Herzen wollen schon die *„Tränen der Niederung"* aufsteigen, da ist es die Freundschaft mit Heinrich, die ihn hält. Dieser redet ihm gut zu: *„Die Liebe sucht nicht, was ihr nützt, sondern was auch anderen Menschen dient."*

Krisen gehören zum Leben. Sie sind wie ein schmerzliches Innehalten, in dem tausend Gedanken sich drehen und neu sortieren. Langsam wird es ein neuer Weg, oder der alte erhält neues Licht und eine neue Perspektive. Das in der Schule Erlernte, sein inniger Glaube, die Vorbilder, seine Eltern und Freunde – vieles wird Wolfgang durch den Kopf gehen. Abgeklärter geht er schließlich die nächsten Schritte. Und erstmals wird er im Bild erwachsen dargestellt: Er ist groß geworden.

„Ein treuer Freund ist wie ein festes Zelt. Wer einen solchen findet, hat einen Schatz gefunden." (Sir 6,14)

Heiliger Wolfgang, in Gebet und Freundschaft hast du Zeiten der Unsicherheit und Verwirrung ertragen. Bitte für alle suchenden Wanderer bei Christus, unserem Herrn.

7. Wolfgang wird Domschulmeister in Trier

Eine Personalentscheidung Kaiser Ottos I. (rechts im Bild) betrifft bald auch Wolfgang: Dessen Freund Heinrich von Babenberg, mit dem er einst von der Reichenau nach Würzburg gezogen war, wird 956 Erzbischof von Trier. Er kann Wolfgang überreden, nach Trier mitzugehen, und bietet ihm dort zahlreiche Ämter und Aufgaben an. Doch dieser lehnt ab und ist zunächst nur bereit, die dortige Domschule zu leiten, wozu auch der Domchor gehört (im Bild links hinter dem Heiligen). Aus dem langjährigen Schüler Wolfgang ist endgültig ein Lehrer und Leiter geworden. Die Legende beschreibt Wolfgang als sehr einfühlsamen Lehrmeister, der sich ganz auf die unterschiedlich begabten Schüler einstellen kann. Für den Unterricht verlangt er kein Geld, was auch den mittellosen Schülern eine Grundbildung ermöglicht.

Nach behüteter Schulzeit, nach Krise und Zurückgezogenheit erlebt Wolfgang in Trier die raue Wirklichkeit: Kaiser, Erzbischof, Größe, Macht, Einfluss. Er zögert und lässt sich nur da einbinden, wo er sich von Gott berufen und fachlich sicher weiß. Fast zwei Welten sind es im Bild, die des Kaisers und des heiligen Lehrers – zwei unterschiedliche Räume, die durch Erzbischof Heinrich verbunden sind.

„Ich will den Herrn loben in meinem Leben, meinem Gott singen und spielen, solange ich da bin." (Ps 146,2)

HEILIGER WOLFGANG, du hast dich in schweren Entscheidungen von Gott und deinem Herzen führen lassen. Bitte für uns, wenn wir auf Weggabelungen treffen, bei Christus, unserem Herrn.

8. Wolfgang wird Dekan der Domherren

Der Trierer Erzbischof Heinrich will den talentierten Wolfgang weiter einbinden und bietet ihm die Leitung eines Klosters oder Stifts an, doch Wolfgang lehnt weiter ab. Schließlich wird er – weder Priester noch Mönch – Dekan der Domkleriker, was ihm vermutlich mehr Feinde als Freunde einbringt. Denn er schaut auf die Einhaltung der Lebensordnung dieser Kanoniker-Priestergemeinschaft: *„zu gleicher Zeit essen und schlafen"*, *„sich durch Lektüre anstrengen"* und *„das Innerste und Geistige nicht vernachlässigen"*. Es wundert nicht, dass sie Wolfgang bald *„Mönch"* nennen. Vermutlich lernt er im Kloster St. Maximin in Trier die Gorzer Kloster-Reformbewegung kennen, die er später erfolgreich weiterträgt.

Wolfgang will das innere Leben fördern mit Gebet und guter Lektüre, im Nachdenken und Hören auf Gott; und auch das äußere Leben soll in Ordnung kommen, in einen bestimmten Rhythmus und Rahmen, der trägt. Wolfgang lebt, worauf es ankommt. Er überzeugt, weil er vorlebt, was er von anderen erwartet: sich vom Glauben her neu formen zu lassen, selbst eine Re-Form zu werden.

„Gedenkt eurer Vorsteher, die euch das Wort Gottes verkündet haben! Betrachtet den Ertrag ihres Lebenswandels! Ahmt ihren Glauben nach!“ (Hebr 13,7)

Heiliger Wolfgang, durch dein Beispiel hast du vielen Mut gemacht, sich von Gott erneuern zu lassen. Bitte für uns auf unserem Weg der Erneuerung durch Christus, unseren Herrn.

9. Wolfgang tritt ins Kloster Maria Einsiedeln ein

Erzbischof Heinrich von Trier stirbt 964 auf einem Italienzug mit König und Kaiser Otto I. an einer Seuche, und Wolfgang verliert damit seinen wichtigsten Freund und Förderer. Er steht noch in tiefer Trauer, da erschließen sich neue Wege: Otto bringt Wolfgang nach Köln zu Bischof Bruno, einem Bruder des Kaisers. In dieser Schaltzentrale der kaiserlichen Macht lernt Wolfgang die Verwaltung kennen, und Bruno bietet ihm sogar einen Bischofsstuhl an. Doch Wolfgang zieht es ganz woanders hin. Er will ins Kloster. Sein Erbe überlässt er ganz seinen Eltern und Verwandten, die große Hoffnung auf Einfluss und Macht hatten und ihm jetzt vorwerfen, sich nicht um sie zu kümmern. Er verabschiedet sich (im Bild rechts hinten) und tritt um 966 mit 42 Jahren in die Reform-Abtei Maria Einsiedeln ein.

Wolfgang muss sich nach dem Tod Heinrichs neu orientieren. Aber er darf es auch und enttäuscht mit seinem Vorhaben große Erwartungen: Kaiser und Bischof wollten das Talent für sich gewinnen. Und die Eltern können es gar nicht fassen: In so großer Stellung will ihr Sohn alles hergeben? Doch Wolfgang spürt eine höhere Erwartung und hört eine andere Stimme, die immer stärker wird. Endlich kann er, den sie „Mönch" nannten, auch Mönch werden und das Mönchsgewand anziehen (im Bild vorne).

„Nach dem Feuer kam ein sanftes, leises Säuseln."
(1 Kön 19,12)

Heiliger Wolfgang, du warst Gott gehorsam und bist seinem Ruf gefolgt. Bitte für uns und unsere Wege bei Christus, unserem Herrn.

10. Bischof Ulrich weiht Wolfgang zum Priester

Wolfgang hat sich inzwischen gut in das Kloster eingelebt, das sich der Gorzer oder lothringischen Reform verschrieben hat. Diese Bewegung will persönliche Frömmigkeit und Gottesdienst für die Seele, Bildung und Wissenschaft für den Geist und für die leiblichen Bedürfnisse eine klare äußere Organisation und eine relative Unabhängigkeit von den Bischöfen. Wolfgang hatte diese Reformbewegung schon in Trier kennengelernt. Jetzt kann er auch sein Lehrertalent gut einbringen und unterrichtet *„in den Lehren der Schriftsteller und der Künste und ... in der sittlichen Unterweisung“*.

Bald wird Bischof Ulrich von Augsburg auf den schwäbischen Landsmann Wolfgang aufmerksam. Ulrich, *„dessen heiliges Wesen durch ganz Europa duftet“* – auf dem Bild mit einem Fisch dargestellt und später heiliggesprochen –, besucht 968 das Kloster. Der Bischof will Wolfgang fördern, und nach einiger Überzeugungsarbeit weiht er den 44-jährigen Mönch und Lehrer zum Priester. Wolfgang nimmt diesen „Kelch“ des Priestertums am Weihealtar mit großem Ernst an: *„Mit der ganzen Hacke der Demut erkundete er seinen Geist. Und er brachte durch die Versprechen, die seine Lippen öffneten, treu die innersten Opfer dar.“*

Zwei Jahre später wählen ihn die Brüder auch zum Prior des Klosters, zum zweiten Mann nach dem Abt. Wolfgang lässt sich innerlich auf diesen „Fortschritt“ und auf Gottes Führung ein. Er geht seinen Weg weiter als Lehrer, Mönch, Priester und Prior.

„Älteste, die das Amt des Vorstehers gut versehen, verdienen doppelte Anerkennung, besonders solche, die sich mit ganzer Kraft dem Wort und der Lehre widmen.“ (1 Tim 5,17)

HEILIGER WOLFGANG, du warst bereit, in den Dienst als Priester zu treten und neue Aufgaben anzunehmen. Bitte für alle, die im Dienst Gottes stehen, bei Christus, unserem Herrn.

11. Der Traum und die Ungarn-Mission

Mit Erlaubnis des Abtes macht sich Wolfgang im Jahr 972 auf den Weg zur Mission nach Pannonien/Ungarn. Es ist das Land, aus dem gefürchtete Reiterkrieger jahrelang weite Teile des Ostens und Süddeutschlands verwüsteten, bis 955 in der Schlacht am Lechfeld – im Beisein des heiligen Bischofs Ulrich – die Ungarn zurückgedrängt und 971 ein Friedensbündnis geschlossen werden konnte. Wie kommt es ein Jahr später zu diesem sehr ungewöhnlichen Vorhaben des Heiligen? Die Legende erzählt von einem Traum Wolfgangs: Der heilige Othmar, erster Abt von St. Gallen, erscheint ihm und sagt ihm drei Lebensstationen voraus: die Missionsarbeit in Ungarn, ein Bischofssitz und der Tod in einer Othmarskapelle.

Im Traum verdichten sich oft Lebenserfahrungen, Glaube und innere Stimme zu etwas Neuem. Drängt ihn innerlich der verehrte Othmar, ein eifriger Mönch und Erneuerer, der wegen seiner Liebe zu den Armen bekannt war und mit einem (nie leer werdenden) Weinfässchen dargestellt wird, zu diesem Schritt? Ist es der Ungarn-erfahrene Bischof Ulrich, sein „Weihe-Bischof", der Wolfgang auf diese Idee bringt? Hört Wolfgang vielleicht davon, dass der ungarische Großfürst Geza den Kaiser um christliche Missionare gebeten hatte?

„Siehe, ich sende euch wie Schafe mitten unter die Wölfe; seid daher klug wie die Schlangen und arglos wie die Tauben." (Mt 10,16)

HEILIGER WOLFGANG, Träumer und Abenteurer Gottes, bitte für uns, wenn Gott uns auf ungewohnten Wegen zur Verkündigung ruft, bei Christus, unserem Herrn.

12. Wolfgang begegnet Bischof Pilgrim von Passau

Wolfgang scheitert mit seinem Missionsvorhaben in Pannonien/Ungarn kläglich. War die Sprache zu schwer? Hatte sich Wolfgang zu unüberlegt und unvorbereitet in die Missionsreise gestürzt? Bischof Pilgrim von Passau lässt den unbekannten, *„umherschweifenden Mönch"* zu sich kommen, nachdem ihm das *„fruchtlose Arbeiten eines solch tüchtigen Glaubensboten"* bekannt wird. Leicht gebückt kommt dieser in Passau an und trifft auf die offene Hand des Bischofs. Lange Gespräche folgen. Schließlich muss Bischof Pilgrim seine Ansicht ändern: Wolfgang sei ein *„zuverlässiger Diener des wahren Glaubens"*. Pilgrim hat noch viel mit ihm vor: Wolfgang soll einen Bischofssitz bekommen. Die Umgebung Pilgrims ist entsetzt: Ein solch *„Armer und Unbekannter"* soll Bischof werden? Der Bischof entgegnet: *„Gott erforscht Herzen und Nieren. Von Anfang der Welt an erwählte er das Verachtete und Niedrige, damit er das Starke beschäme."* Als im September 972 in Regensburg Bischof Michael stirbt, wird Pilgrim beim Kaiser vorstellig. Aus dem Scheitern wird für Wolfgang bald der größte Schritt.

Die Ungarn-Mission des heiligen Wolfgang lebt noch in der Sage über dessen Gründung der Kirche in Kirchberg am Wechsel fort.

„Wo es an Beratung fehlt, da scheitern die Pläne, wo viele Ratgeber sind, gibt es Erfolg.“ (Spr 15,22)

HEILIGER WOLFGANG, vergebliches Mühen und Neuaufbruch waren dir nicht fremd. Wecke in uns den Geist der Demut und bitte für uns in unserem Stolpern bei Christus, unserem Herrn.

13. Wolfgang wird Bischof von Regensburg

Der Kaiser lässt die Bischöfe noch vor dem Weihnachtsfest 972 in Frankfurt zusammenkommen und setzt sich für den nichtadligen Wolfgang ein. Wolfgang stimmt schließlich zu und bekommt (im Bild kniend) als Reichsfürst – der er auch wurde – vom Kaiser Ring und Stab überreicht. In Regensburg wird Wolfgang nach damaligem Brauch von Geistlichen und vom Volk zum Bischof gewählt. Als er Anfang 973 in die Donaustadt reist, wird er mit Jubel empfangen. Er besucht die Kirche des heiligen Emmeram, die Klosterkirche und Bischofsgrablege ist, und geht durch die anderen Klosterkirchen der Stadt, wobei er jeweils die Patrone der Klöster anruft. Schließlich weiht ihn Erzbischof Friedrich von Salzburg im Dom Sankt Peter zum Bischof von Regensburg. Bald wird Wolfgang neue Akzente setzen.

Im Bild setzt der Kaiser (!) Wolfgang die Mitra auf. Bei diesen Vorgängen wird die Tragik der Zeit deutlich: Die Kirche ist stark mit der weltlichen Macht verwoben; sie bekommt Schutz, muss aber Dienste leisten, etwa durch Heereskontingente, und die Mitbestimmung in der Bischofsauswahl akzeptieren. Die Klosterreformen von Cluny und Gorze – letztere hat Wolfgang in Trier und wohl auch in Einsiedeln kennengelernt und stark gefördert – bringen der Kirche in diesem Kampf langsam Freiheit und Neubesinnung.

„Und der HERR, dein Gott, hat zu dir gesagt: Du sollst der Hirt meines Volkes Israel sein, du sollst der Fürst meines Volkes Israel werden.“ (1 Chr 11,2)

HEILIGER WOLFGANG, heiliger Bischof, bitte für alle Bischöfe, für ihren Glauben und ihren Eifer und für ihren Einsatz um die Freiheit der Kirche, bei Christus, unserem Herrn.

14. Bischof Wolfgang reformiert die Männerklöster

Bischof Wolfgang ist über den Zustand der Klöster in seinem neuen Bistum entsetzt: *„Wenn wir doch Mönche hätten, dann würde das Übrige ausreichen."* Die Erschrockenen erwidern, es gebe doch viele Mönche. Wolfgang setzt dagegen: *„Was nützt der Habit der Heiligkeit, wenn er keine Werke aufweist?"*

Am meisten schmerzen ihn die Zustände in seinem Kloster St. Emmeram, dessen Abt er in Personalunion war. Die Vorgänger-Bischöfe beuteten das Kloster aus und schickten die Mönche zum freien Broterwerb – mit schweren Folgen für das geistliche und gemeinschaftliche Leben im Kloster.

Wolfgang trennt das Abtsamt vom Bischofsamt, holt aus Trier den ihm gut bekannten und schon 70-jährigen Mönch Ramwold und bestellt ihn zum Prior, später zum Abt. Dieser soll selbst auch *„die Dienste unter die Brüder verteilen"*. Abt Ramwold kann sich so mit ganzer Kraft um das Kloster kümmern und bringt es durch Ordnung, Bildung und geistliche Ausrichtung (Gorzer Reform) innerhalb weniger Jahre zur inneren und äußeren Blüte.

Delegation und Subsidiarität würde man es heute nennen, was Wolfgang in Treue zur Benediktregel nun neu einschärft.

„Sucht aber zuerst sein Reich und seine Gerechtigkeit; dann wird euch alles andere dazugegeben.“ (Mt 6,33)

Heiliger Wolfgang, du Erneuerer der Klöster, bitte für alle Frauen und Männer, die ihr Leben ganz Gott und den Menschen gewidmet haben, bei Christus, unserem Herrn.

15. Bischof Wolfgang will die Damenstifte erneuern

Nun will sich Bischof Wolfgang auch an die Erneuerung der beiden Regensburger Damenstifte Nieder- und Obermünster machen. Doch die adeligen Damen sind nicht bereit, ihre relativ lockeren Vorschriften der Kanonissen mit der wesentlich strengeren Benediktregel zu tauschen. Dabei berufen sich die beiden Stifte auch darauf, dass sie nicht dem Bischof unterstellt sind, sondern das eine dem König, das andere dem bayerischen Herzog. Wolfgang müht sich lange – vergeblich. Schließlich gründet er 983 ein eigenes Damenstift Mittelmünster-St. Paul, das ganz im Sinne Benedikts leben und den anderen beiden Stiften ein Vorbild werden soll. Doch auch Mittelmünster, das in der Nähe des heutigen Jesuitenplatzes lag, hält nicht lange, was es verspricht, sondern gleicht sich nach dem Tod Wolfgangs den anderen beiden Stiften an.

Fehlt dem Mönch und Bischof Wolfgang der rechte Einblick in die Lebensformen der Kanonissen und deren Motive? Verlangt er mit der Benediktregel vielleicht einen zu großen Sprung? Ist die eigene Gründung Wolfgangs – St. Paul – vielleicht zu schnell und zu sehr Versorgungshaus für unverheiratete und verwitwete Frauen aus adeligen Familien geworden, die ihre mächtige Hand über diese alte, gewohnte Form halten?

„Ihr seid das Salz der Erde. Wenn das Salz seinen Geschmack verliert, womit kann man es wieder salzig machen?" (Mt 5,13)

Heiliger Wolfgang, erbitte für uns Mut und Freiheit, uns zu binden und in dieser Bindung Christus nachzufolgen, wie du es uns vorgelebt hast, bei Christus, unserem Herrn.

16. Die Domherren bekommen neuen Schwung

Bischof Wolfgang kennt von Trier her die Regeln der Domkanoniker, die der heilige Chrodegang einst festlegte und die sich von der Benediktregel deutlich unterscheiden: Die Kanoniker sollen das gemeinsame Chorgebet und Lesungen pflegen, gemeinsam essen und wohnen und gemeinsame Zeiten des Schlafs und der Stille einhalten. Auch Unterricht für Schüler ist vorgesehen mit Auszeichnungen für die Fleißigen und Tadel für die Faulen.

In Regensburg ist hier offensichtlich einiges im Argen, aber Wolfgang gelingt es, die Bereitschaft der Domkanoniker zu wecken. Seine Erfahrung in Trier als Dekan der Domherren und als Leiter der Domschule kommt ihm hier zugute, aber auch seine Verankerung im Gebet und sein Vorbild, von dem die Legende die Bibel zitiert: „Wenn sie dir den Vorsitz übertragen haben, überhebe dich nicht! Sei unter ihnen wie einer von ihnen.“ (Sir 32,1)

Damit hat er seine unmittelbare Umgebung – das Kloster St. Emmeram und seine engsten Mitarbeiter – in kurzer Zeit geistlich neu ausgerichtet und wichtige Voraussetzungen für sein Wirken als Nachfolger der Apostel geschaffen.

„Sei vielmehr den Gläubigen ein Vorbild in deinen Worten, in deinem Lebenswandel, in der Liebe, im Glauben, in der Lauterkeit!“ (1 Tim 4,12)

HEILIGER WOLFGANG, du bist uns Vorbild im Leiten. Bitte für uns, wenn wir Verantwortung tragen, bei Christus, unserem Herrn.

17. Bischof Ulrich von Augsburg stirbt

Bischof Wolfgang ist 973 auf dem Reichstag in Worms, da fehlt Bischof Ulrich aus Augsburg schon wegen schwerer Krankheit. Als Wolfgang ihn auf dem Heimweg besuchen will, erfährt er in Nördlingen vom Tod seines Freundes. Dieser hatte Wolfgang vor fünf Jahren im Kloster Einsiedeln zum Priester geweiht und vermutlich auch für die Ungarn-Mission begeistert. Am 6. Juli kommt Wolfgang gerade zum Requiem in Augsburg an und darf Ulrich tags darauf bestatten.

Was geht Wolfgang in jenen Tagen alles durch den Kopf? Die Begeisterung Ulrichs für den Mönch Wolfgang, die gescheiterte Mission, die dann doch neue Türen öffnete? Nach Heinrich verliert Wolfgang mit Ulrich nun einen weiteren engen Freund und Förderer auf Erden und gewinnt im Himmel einen Fürsprecher.

„... damit ihr nicht trauert wie die anderen, die keine Hoffnung haben.“ (1 Thess 4,13)

HEILIGER WOLFGANG, du kennst Trauer und Schmerz, wie auch Jesus um seinen Freund Lazarus trauerte. Bitte für alle, die einen lieben Menschen verlieren, um Trost und Zukunft bei Christus, unserem Herrn.

18. Die Predigt im Sturm

Bischof Wolfgang muss ein begnadeter Prediger gewesen sein: Vom *„Duft des Honigs“* ist in der Legende die Rede. Er *„milderte durch Lieblichkeit selbst das Herbe“*, habe *„das Tiefste jedes Gedankens berührt“* und nur selten *„verworrene Begriffe“* verwendet.

Von einer Predigt in Regensburg wird etwas Eigenartiges erzählt: Während Wolfgang zum Volk predigt, erregt plötzlich der Teufel einen Sturm, eine *„lärmende Verwirrung“* und ein *„Geschrei des Volkes“*. Das Dach kracht und in der Kirche wird es dunkel und nebelig, sodass die Leute die Kirche verlassen, weil sie meinen, es gebe Aufruhr oder ein Feuer sei ausgebrochen.

Was tut der Prediger? Er bleibt ruhig und betet zu Gott: Die Menschen sollten das Werk des Durcheinanderwerfers („diabolos“) durchschauen. *„Diesen Worten folgte die Klarheit der Luft und der Klarheit die Rückkehr des Volkes in die Kirche.“*

Die facetten- und symbolreiche Erzählung erinnert an das Evangelium von der Stillung des Seesturms durch Jesus (Mk 4,35–41). Im Bild sitzt an der Kanzel eine Mutter, die ihr Kind stillt – vielleicht ein Wort-Bild-Spiel mit der Stillung des Sturms und ein weibliches Motiv, das später in der Kunst häufig als Bild für die Kirche verwendet wird, die ihre Kinder, die Gläubigen, nährt.

„Da stand er auf, drohte dem Wind und sagte zu dem See: Schweig, sei still! Und der Wind legte sich und es trat völlige Stille ein.“ (Mk 4,39)

Heiliger Wolfgang, erbitte für alle, die den Glauben verkünden, Zuversicht und Güte und bitte für uns um ein hörendes Herz bei Christus, unserem Herrn.

19. Spott über die Kleidung

„Ein dummer Soldat“ – so die Legende – sieht eines Tages Bischof Wolfgang in einfachen Kleidern, kurz darauf in bischöflichem Ornat. *„Dieser Zerlumpte und Verächtliche“* soll ein Bischof sein? Murmelnd spottet er über Wolfgang, noch mehr: Er erregt sich über den Kaiser, der diesen Einfachen den zahlreichen *„vermögenden Personen“* vorgezogen habe – eine durchaus gefährliche Aussage.

Bald merkt der Spötter seinen Fehler und erschrickt über sich selber so sehr, dass er bleich wird und zittert. Tagelang geht das so, bis er zum Bischof will, der ihm schon zuvorkommt: *„Ich weiß, was du willst.“* Wolfgang (im Bildhintergrund) lässt seinen Erzdiakon Tagninus Weihwasser holen und betet für den Soldaten – der bald wieder gesund nach Hause gehen konnte.

Sind die schlichte Kleidung und das bischöfliche Ornat, der Mönch und der Bischof, Widersprüche? Nicht für den heiligen Wolfgang. Er war nicht adlig und sah sein Bischofsamt als Dienst. Den Spott erträgt er mit Größe, mit dem Spötter geht er milde um und verhilft ihm so zur Heilung. Das Weihwasser erinnert an die Taufe, die alle Christen im gemeinsamen Glauben unabhängig von Herkunft und Stand verbindet.

„Macht euch also keine Sorgen und fragt nicht: Was sollen wir essen? Was sollen wir trinken? Was sollen wir anziehen? Denn nach alldem streben die Heiden. Euer himmlischer Vater weiß, dass ihr das alles braucht." (Mt 6,31 f.)

Heiliger Wolfgang, die Einfachheit hat dich für andere glaubwürdig gemacht. Bitte für uns und stärke uns in unserem Dienst bei Christus, unserem Herrn.

20. Wolfgang verlässt Regensburg

Im Spätsommer 976 verlässt Bischof Wolfgang Regensburg und geht (im Bild mit einem Begleiter) wohl für ein bis zwei Jahre ins Salzburger Land. Was ist der Auslöser? Will Wolfgang nur das dortige Kloster Mondsee besuchen, das zum Bistum Regensburg gehört? Wohl kaum. Der bayerische Herzog Heinrich „der Zänker“ mit Sitz in Regensburg lässt sich von Abt Ramwold in St. Emmeram zum König krönen und probt den Aufstand gegen den Kaiser, was Wolfgang, der auch Reichsfürst ist und sich nicht gegen den Kaiser stellen will, in eine schwierige Lage bringt. Der Bischof entzieht sich diesem politischen Konflikt klug und geht weg.

Die enge Verzahnung von Politik und Kirche hat Wolfgang schon früher in Trier und Köln leidvoll erfahren. Vielleicht war darin auch sein langes Zögern für ein „höheres Amt“ begründet. Nach zweieinhalb Jahren als Bischof in Regensburg die Stadt zu verlassen, muss ihm sehr schwergefallen sein, aber er ist klug und konsequent und geht weg aus der Bischofsstadt, auch wenn er in der Gegend um das „eigene“ Kloster Mondsee besitzrechtlich doch auf Regensburger Boden bleibt.

„Du aber, ein Mann Gottes, flieh vor alldem! Strebe vielmehr nach Gerechtigkeit, Frömmigkeit, Glauben, Liebe, Standhaftigkeit und Sanftmut!" (1 Tim 6,11)

Heiliger Wolfgang, bewahre uns vor Krieg, Zank und Streit und bitte für uns bei Christus, unserem Herrn.

21. Wolfgang erschließt eine Quelle

Hier beginnt eine Reihe von Bildern (Nr. 21–31), die auf späteren Legenden gründen und den historisch unsicheren Aufenthalt Wolfgangs im Salzburger Land im Glauben ausdeuten. Für seine Verehrung werden diese Erzählungen bedeutsam, für die Gesamtdeutung des Lebens dieses Heiligen sind sie sehr hilfreich.

Die Historie berichtet vom Besuch des Klosters Mondsee, das Wolfgang nach der Gorzer Klosterreform erneuern will. Dennoch ist es für den Regensburger Bischof ein durch den Streit in Regensburg erzwungener Schritt in die Verlassenheit.

Zum Bild: Wolfgang geht in die Einsamkeit und wohnt mit seinem Begleiter wie ein Einsiedler unter großen Entbehrungen in der Gegend zwischen Abersee (dem heutigen Wolfgangsee), Mond- und Attersee. Da bekommt sein Begleiter großen Durst. Wolfgang stößt mit seinem Stab an einen Felsen, Falkenstein genannt, und es quillt Wasser hervor, mit dem der Begleiter seinen Durst stillen kann.

Die Erzählung über das Wasser aus dem Felsen erinnert an Mose (Ex 17,3–7), ist aber auch ein Bild für Seelsorge nach dem bekannten Wort: „Seelsorge ist, wenn ein Bettler dem anderen sagt, wo es etwas zu essen gibt.“ Nicht Wolfgang gibt das Wasser, er erschließt nur die Quelle, aus der Wasser fließt, indem er an einen harten Felsen stößt, wo niemand Wasser vermutet.

„Ziehen sie durch das trostlose Tal, wird es für sie zum Quellgrund, und Frühregen hüllt es in Segen." (Ps 84,7)

HEILIGER WOLFGANG, in der Taufe sind wir in die Liebe des dreifaltigen Gottes eingetaucht worden. Bitte für uns Durstige und für alle Getauften bei Christus, unserem Herrn.

22. Der Begleiter geht

Der Begleiter erträgt die Entbehrungen nicht mehr und verabschiedet sich von Wolfgang. Dieser lässt ihn ziehen, nicht ohne ihm noch etwas mitzugeben und ihn zu segnen.

Wolfgang ist jetzt allein. Der Bischof wird endgültig zum Einsiedler. Im Bild sieht man die beiden Einsiedlerhöhlen, die raue Natur um ihn herum und eine weit entfernte Kirche. Es bleiben ihm aber auch das Gebet und die täglich schwerere Arbeit (Bete und arbeite!) zum Durchkommen durch dieses Tal.

„Wende dich mir zu und sei mir gnädig; denn ich bin einsam und arm!“ (Ps 25,16)

Heiliger Wolfgang, sei uns nahe in unserer Einsamkeit und Verlassenheit und bitte für uns bei Christus, unserem Herrn.

23. Wenn die Felsen zusammenkrachen

Wolfgang kämpft mit dem Bösen, und die Felsen um ihn herum scheinen ihn zu erdrücken. *„Da legte sich der Heilige kreuzweis mit dem Rücken an den Falkenstein, sprach sein Gebet mit großer Andacht und sogleich verging das Gespenst des bösen Geistes. Das Zeichen des heiligen Kreuzes und wie der lieb Sankt Wolfgang seine Händ und Haupt in den Fels gedrückt hat, der da weich war wie ein Teig, ist noch vor Augen."*

Die Situation ist buchstäblich bedrückend. Wird es auch Wolfgang zu viel und geht er, wie vorher schon sein Begleiter? Aber er gibt nicht auf, er bleibt stehen und stemmt sich gegen die Bedrohung. Dann betet er und die Bedrohung verschwindet. Der harte, bedrohliche Fels wird weich und sogar für die Zukunft zum Zeugen für die geschehene Rettung.

Das Erzählte erinnert an den Sturm bei der Predigt in Regensburg und an die Macht des Gebetes. Das Motiv vom weich werdenden Felsen begegnet uns bald noch einmal (Nr. 27).

„Kämpfe den guten Kampf des Glaubens, ergreife das ewige Leben, zu dem du berufen worden bist und für das du vor vielen Zeugen das gute Bekenntnis abgelegt hast!“ (1 Tim 6,12)

HEILIGER WOLFGANG, steh uns bei in allen Bedrohungen und bitte für uns bei Christus, unserem Herrn.

24. Wolfgang wirft das Beil

Der heilige Wolfgang will in der Einsamkeit eine Unterkunft bauen und bittet Gott, ihm die rechte Stelle zu zeigen. Dazu steigt er beim Abersee auf den Falkenstein in die Nähe einer Martersäule und wirft sein Beil talwärts: Wo es hinfällt, will er die Unterkunft bauen.

Der Wurf mit einem „Hackl“ war alter Rechtsbrauch zur Bestimmung einer Stelle, einer Strecke oder einer Fläche, die dann von allen Seiten anerkannt wurde. So wurden noch im Spätmittelalter etwa Fischereirechte auf eine Wurfweite in beide Richtungen oder Wald-Sondernutzungen für den Hausgebrauch mit einer bestimmten Zahl von Beilwürfen in alle Richtungen festgelegt. In der Wolfgangslegende könnte ein alter Rechtsstreit zwischen dem Erzbistum Salzburg und dem (Regensburg zugehörigen) Kloster Mondsee um ein Forstgebiet am Abersee/Wolfgangsee der Hintergrund gewesen sein, ein Streit, den Wolfgang bei seinem Aufenthalt mitbekommen haben könnte.

Franz Lipp rückt das „Hackl“ in die Nähe einer Rodungsaxt und wird grundsätzlich: „Wo es auffällt, ist der Punkt, der die Unordnung von der Ordnung scheidet. Was dort entsteht, wächst schon in den Kosmos der gesitteten Welt. Es steht in engstem Zusammenhang mit der Person des Urhebers, dessen Kraft sich dem Wurf mitgeteilt hat.“ Jedenfalls soll mit dem Beilwurf ein Stück Ordnung und Behausung in die Wildnis des Einsiedlerlebens kommen.

„Ich werde dann hier vor dem HERRN, unserem Gott, das Los für euch werfen.“ (Jos 18,6)

Heiliger Wolfgang, bewahre uns vor Neid und Streit und erbitte uns Frieden und Gerechtigkeit bei Christus, unserem Herrn.

25. Wo das Beil hinfällt ...

Wolfgang findet das geworfene Beil am Fuße des Falkenstein, fällt auf die Knie und fragt Gott, ob es recht sei, hier *„ein kleines Haus zu bauen und ihm darin zu dienen. Auch darum bat er, dass Gott den Gläubigen, die in Gottes Namen bitten würden, seine göttliche Gnade verleihe, wie es ihre Seelen erbitten würden."*

Wolfgangs Wildnis soll einen ordentlichen Ruhepunkt bekommen, seine Höhle tauscht er bald gegen ein kleines Häuschen. Und da im Beilwurf neben der eigenen Kraft und Geschicklichkeit auch ein gutes Stück Zufall ist, soll auch die Platzauswahl Wolfgangs Werk und Gottes Wahl sein.

Das „Wolfgangi-Hackl" wird (neben dem Kirchlein) zum Attribut für den heiligen Wolfgang. Auf vielen Bildern dieser Serie hat es der Heilige in der Hand, in die Armbeuge gelegt oder neben sich liegen, mal schneidend nach vorne, mal mild nach hinten gedreht. Es wird Werkzeug und Waffe des Heiligen gegen viele Leiden und Nöte der Pilger und ein vielfältiges Symbol für sein ganzes Wirken.

„Ich will ihm ein Haus bauen, das Bestand hat, und er wird allezeit vor den Augen meines Gesalbten seinen Dienst versehen." (1 Sam 2,35)

HEILIGER WOLFGANG, beschütze uns vor allen Gefahren und Versuchungen und bitte für uns bei Christus, unserem Herrn.

26. Wolfgang baut eine Kirche und eine Klause

Wolfgang erbaut eine Kirche und daneben eine kleine Bleibe. Er legt selbst Hand an, das Beil wird zur Axt und der Bischof – wie Jesus – zum Bauhandwerker. Das Bild erinnert an die Ursprünge der Kirche St. Wolfgang am Abersee/Wolfgangsee, die im 15. Jahrhundert zum größten und bedeutendsten Zentrum und Ziel der Wolfgangswallfahrt wurde.

Wolfgang als Kirchenbauer in schwerer Zeit – das erinnert auch an die Vision des heiligen Franz von Assisi vor dem Kreuz in San Damiano: „Baue meine Kirche wieder auf." Wolfgang hat durch sein ganzes Wirken mitgeholfen am Aufbau der Kirche und an der Zukunft des Glaubens.

„Ein Stein, den die Bauleute verwarfen, er ist zum Eckstein geworden." (Ps 118,22)

Heiliger Wolfgang, du Zeuge des Glaubens und Apostel der Kirche, bitte für uns und unseren Glauben bei Christus, unserem Herrn.

27. Wolfgang und der weiche Fels

Eines Tages verschläft Wolfgang. Da er als Einsiedler-Mönch einen festen Tagesrhythmus einhalten will, ist er über sein Versehen so zerknirscht, dass er als Buße auf einen Felsen einschlagen will. Da wird der Fels weich wie Teig und Wolfgang verletzt sich nicht. Im Bild weht der stürmische Wind noch das Gewand zur Seite, da senken sich die nackten Hände und Füße schon in den weichen Untergrund.

Wolfgang hatte im Kloster den Tagesrhythmus mit festen Zeiten für Gebet und Arbeit gelernt und verinnerlicht und dies wohl auch als Bischof so geübt. Gerade in der Einsamkeit trägt ein solches Gerüst. Aber es gibt auch ein Zuviel. Gott scheint Wolfgang ein Maß für den rechten Umgang mit sich selbst geben zu wollen: Barmherzigkeit und Güte nicht nur anderen gegenüber, sondern auch zu sich selbst.

Der Teig erinnert an den Brotteig als Gegensatz zum ungenießbaren Stein. Das Kirchlein mit der benachbarten Klause ist im Bild neben einem Wasser (dem Abersee?) zu sehen.

„Doch er ist barmherzig, vergab die Schuld und vernichtete nicht. Oftmals ließ er ab von seinem Zorn und unterdrückte seinen Groll.“ (Ps 78,38)

Heiliger Wolfgang, sei uns ein Vorbild in Klarheit und Milde, in Stärke und Barmherzigkeit, und bitte für uns bei Christus, unserem Herrn.

28. Wolfgang und der Wolf

Als Wolfgang das Kirchlein fertig hat, so die Legende, kommt der böse Geist und will vom heiligen Wolfgang den ersten Pilger haben. Der Heilige sagt ihm dies erst für den nächsten Morgen zu und bittet Gott, er möge an dieser Stelle keinem Menschen ein Leid antun. Also kommt nach Sonnenaufgang ein Wolf: *„Als ihn der böse Geist sah, war er gar zornig und sprach: Du, Bischof, hast mich betrogen. Und fuhr also mit einem großen Geschrei hin.“* Nach einer weiteren Niederlage des Neiders wendet sich alles zum Guten, und am Ende bleibt sogar der Wolf verschont.

In späten Wolfgangslegenden muss der Teufel sogar beim Kirchbau mithelfen, was in vielen Zeichnungen und Gemälden dargestellt wird.

Auf dem Bild fällt die Größe des Teufels auf, sein aufrechter und tanzbereiter Gang. Wolfgang, mit dem Altar im Rücken und der Schrift in der Hand, verhandelt geschickt mit dem Bösen und betet zu Gott um die Wende. Der Wolf kommt als aufrecht gehender Pilger mit Stab und Umhang. Er erinnert an die ältere Legende: Der Name „Wolfgang“ solle als *„gehender Wolf“ („lupambulus“)* nicht nur negativ ausgelegt werden. So könnte der Bildkünstler Wolfgang selbst als pilgernden Wolf gemeint haben, der noch im Himmel in der Kraft Gottes gegen den Bösen kämpft und den Weg für die kommenden Pilger frei hält.

„Seid nüchtern, seid wachsam! Euer Widersacher, der Teufel, geht wie ein brüllender Löwe umher und sucht, wen er verschlingen kann." (1 Petr 5,8)

HEILIGER WOLFGANG, heiliger Pilger, geh mit uns auf den Straßen unseres Lebens und erbitte uns Schutz bei Christus, unserem Herrn.

29. Ein Jäger findet Wolfgang

Ein Jäger kommt in die Gegend und erkennt Wolfgang wieder, da er ihn in Regensburg schon einmal gesehen hat. Wolfgang erschrickt sehr darüber, da er befürchtet, dass der Jäger davon in Regensburg berichten werde. Das tut er auch, und die Menschen in Regensburg freuen sich über die Nachricht des wiedergefundenen Bischofs sehr.

Ein Bischof in einem einsamen Waldhäuschen? Das kann auf Dauer nicht unentdeckt bleiben. Wolfgang wird gesucht und gefunden. Noch ganz im Gebet am Altar vertieft, spürt ihn ein Jäger mit Pferd und Jagdhund auf, der gewohnt ist, im Wald Wild zu finden und zu schießen. Es ist kein gewöhnlicher Jäger, vielleicht ein weitgereister Mann, der nebenbei auch gern zur Jagd geht, den Bischof erkennt und jetzt weiß, was seine Pflicht ist.

„Ich wurde gesucht von denen, die nicht forschten, ich wurde gefunden von denen, die mich nicht suchten." (Jes 65,1)

Heiliger Wolfgang, erbitte uns die Wachheit des Geistes, der uns zeigt, wenn die Zeit für den nächsten Schritt gekommen ist, bei Christus, unserem Herrn.

30. Regensburger wollen ihren Bischof zurückhaben

Der Jäger, der Wolfgang in der Einsamkeit entdeckt hat, kommt wieder und mit ihm Priester und Ratsherren aus Regensburg. Sie alle haben ein Ziel: ihren Bischof Wolfgang wieder in seine Bischofsstadt zu bringen.

Der Bischof ist schon lange weg, vielleicht ein oder zwei Jahre, und er fehlt. Der (legendäre) Rückzugsort in der Einsamkeit ist entdeckt und die Zeit des betenden Einsiedlers zu Ende. Oder ist zu Hause der (historische) Krieg der beiden Cousins – des Herzogs und des Kaisers – vorbei und der Bischof kann zurück? Ist das Kloster Mondsee durch Wolfgang so weit erneuert, dass der Bischof guten Gewissens wieder gehen kann?

„Alles hat seine Stunde. Für jedes Geschehen unter dem Himmel gibt es eine bestimmte Zeit. (...) eine Zeit zum Zerreißen und eine Zeit zum Zusammennähen, eine Zeit zum Schweigen und eine Zeit zum Reden." (Koh 3,1.7)

Heiliger Wolfgang, alles im Leben hat seine Zeit, hat Anfang und Ende. Bitte für uns in unseren Wenden bei Christus, unserem Herrn.

31. „Die Kirche“ will Wolfgang nicht ziehen lassen

Wolfgang will sich nach Regensburg aufmachen. *„Aber als St. Wolfgang seinem Kirchlein den Rücken kehrte, wandte es sich um, als wolle es mit ihm gehen, doch der Heilige gebot ihm stillzustehen. Also führte man ihn nach Regensburg in die St. Peterskirche. Da ging ihm geistlich und weltlich Volk entgegen und empfing seinen Herrn mit großen Freuden und Lobgesang.“*

Wolfgang und die Kirche sind irgendwie zusammengewachsen. Die kleine Kirche auf dem Bild verneigt sich aus Dankbarkeit und will mit, aber der Bischof muss zum großen Dom Sankt Peter zurück, wo auch sein Bischofsstuhl steht. „Die Kirche“ hängt nicht am Heiligen, sondern an Christus, auf den Wolfgang durch sein Leben verweist.

Mit diesem Bild schließt der Zyklus der Erzählungen um den Wolfgangsee (Nr. 21–31), die für die Wallfahrt und die Verehrung des Heiligen von größter Bedeutung sind und den frühen Attributen des heiligen Wolfgang – Bischofsstab und Buch – Beil und Kirchlein „hinzuwachsen“ ließen.

Zum Abschluss dieses „Österreich-Zyklus“ sei an die dortigen Wirkkreise des Heiligen erinnert: an das durch Wolfgang erneuerte Kloster Mondsee; an die Wiederbesiedelung von Steinakirchen am Forst und den Bau der Wieselburg als Schutzburg ... Und St. Wolfgang am Abersee wurde im späten Mittelalter einer der größten Wallfahrtsorte Europas.

„HERR, unser Gott, diese ganze Fülle, die wir bereitgestellt haben, um dir, deinem heiligen Namen, ein Haus zu bauen, kam aus deiner Hand; dir gehört alles." (1 Chr 29,16)

HEILIGER WOLFGANG, steh deiner Kirche bei, für deren Aufbau du ein Leben lang gewirkt hast, und bitte für sie bei Christus, unserem Herrn.

32. Wolfgang gibt Wein für die Messe

Zurück in Regensburg kommt Bischof Wolfgang zu Ohren, dass einige Priester mit Wasser oder anderen Getränken die Messe feiern, da sie keinen Wein haben. Dies kann der Bischof nicht ohne Folgen lassen und bestraft die Priester. Als diese aber klagen, sie hätten wirklich keinen Wein, schafft der Bischof Abhilfe: Er lässt einige Monate 12 Priester kommen und gibt ihnen Wein mit, um ihn an alle Priester zu verteilen, die keinen Wein für die Messe haben.

Ungültig die Messe feiern – das kann der Bischof nicht durchgehen lassen. Aber er straft nicht nur, er erkennt die Not und hilft ihr praktisch ab. Er ist erfüllt von der Liebe zur Eucharistie als Lebensquelle der Kirche, in der Christus selbst gegenwärtig wird, und zeigt gleichzeitig seine Praxisnähe. Vermutlich war Wein teuer und das Land und die Priester nach den Kriegen stark verarmt. Wolfgang will aus seinen Gütern geben, damit überall die Messe gefeiert werden kann, und leistet auch sonst immer wieder *„Hilfe mit Worten und Dingen"* (Otloh-Legende).

„Denn sooft ihr von diesem Brot esst und aus dem Kelch trinkt, verkündet ihr den Tod des Herrn, bis er kommt." (1 Kor 11,26)

Heiliger Wolfgang, du Vater der Priester, bitte für alle Priester um Freude in ihrem Dienst durch Christus, unseren Herrn.

33. Wolfgang öffnet in der Not die Getreidespeicher

„Im Hungerjahr 987 kam viel Volk zu Sankt Wolfgang um Nahrung. Da ließ er seinen Getreidespeicher am Bischofshof neben dem alten Dom öffnen und befahl seinen Amtsleuten, jedem, auch wenn er von ferner Gegend komme, von dem Getreide zu geben. Doch knüpfte er an den Empfang des Getreides die Bedingung, dass jeder zu Hause die Hälfte davon an Arme weitergeben solle. Auch nahm er allen, die mit der Verteilung der Lebensmittel betraut waren, das Versprechen ab, dafür von den Leuten keinerlei Geschenke anzunehmen."

Meist waren es Unwetter oder Kriege, die Hungersnöte auslösten. Das Land war noch geschwächt vom Ungarn-Krieg, und Hochwasser, Stürme oder Dürre konnten die ohnehin knappe Grundversorgung gefährden. Bischof Wolfgang erkennt die Notsituation und hilft klug. Hier zeigt sich nicht nur das große Herz des heiligen Bischofs, sondern in den Regeln für die Verteilung seine große Erfahrung in der Verwaltung, die er sich in der kaiserlichen Kanzlei in Köln und als Prior in Einsiedeln angeeignet hatte.

„Als die Hungersnot über das ganze Land gekommen war, öffnete Josef alle Speicher …" (Gen 41,56)

Heiliger Wolfgang, erbitte offene Augen für die Not anderer und Hände zum Geben bei Christus, unserem Herrn.

34. Wolfgang reicht Essen

„Hier wird gezeigt, wie Sankt Wolfgang die armen Leute seine ‚Herren und Brüder' nennt, sie allzeit bei seinem Tisch hat und ihnen selbst das Almosen reicht. Auch befahl er, in seiner Küche immer so viele Speisen für die armen Leute bereitzuhalten, dass denen, die nicht an seinem Tisch waren und erst später kommen, auch gegeben werden konnte."

Wolfgang nimmt seine bischöfliche Aufgabe als „Vater der Armen" („pater pauperum") ernst. Die Hochschätzung erinnert an die Fußwaschung Jesu an den Jüngern am Abend vor seinem Leiden. Dass diese „Herren und Brüder" – es dürften wohl auch Frauen um Hilfe gebeten haben – an „seinem Tisch" waren und er sie selbst bedient, ist ungewöhnlich. Vielleicht erinnert er sich einfach an die alte Benediktregel: Diese sieht in der Aufnahme eines Armen die Aufnahme Christi selbst (RB 53,15), ruft zum sorgfältigen Kümmern um „Kranke, Kinder, Gäste und Arme" auf (31,9) und nimmt keinen vom Dienst am Tisch aus (RB 35).

„Selig die Knechte, die der Herr wach findet, wenn er kommt! Amen, ich sage euch: Er wird sich gürten, sie am Tisch Platz nehmen lassen und sie der Reihe nach bedienen.“ (Lk 12,37)

Heiliger Wolfgang, Vater der Armen, bitte für alle, die in Armut und Not sind, bei Christus, unserem Herrn.

35. Wolfgang verzeiht dem armen Dieb

Ein Armer, dem Wolfgang etwas gegeben hat, dringt in dessen Schlafzimmer ein, schneidet einen großen Teil des Bettvorhangs ab und will flüchten. Die Diener fassen ihn schließlich und bringen ihn zur Bestrafung vor den Bischof. *„Doch Wolfgang ... entschuldigt ihn und gab die größere Schuld denen, die seine Wohnung hätten bewachen sollen. Den Armen fragte er, warum er das getan habe. Der antwortete mit Furcht und Zittern, die Armut und Blöße habe ihn dazu gebracht. Dies sah man dem Armen auch an, und so ließ ihm Wolfgang Kleidung schaffen und befahl ihm, dergleichen nicht wieder zu tun. Wenn es aber wieder geschieht, würde er dafür seine Strafe empfangen."*

Dass der heilige Bischof die Wachen mehr beschuldigt als den Dieb und diesem das Nötige gibt, zeigt Souveränität und Einfühlungsvermögen. Es ist eine Erzählung über Armut und Hilfe, über ausgenutzte Hilfe und Erbarmen. Wolfgang geht über ein bloßes Almosengeben weit hinaus: Hilfe soll sich nicht am Überfluss der Besitzenden, sondern an der Not der Bedürftigen ausrichten. Diesen konkreten Bedürftigen will Wolfgang nicht „abspeisen" und loswerden, sondern auf die eigenen Füße stellen und ihm damit Zukunft geben.

„Geht und lernt, was es heißt: Barmherzigkeit will ich, nicht Opfer! Denn ich bin nicht gekommen, um Gerechte zu rufen, sondern Sünder.“ (Mt 9,13)

Heiliger Wolfgang, barmherziger Helfer in der Not, bitte für uns um Hilfe und Barmherzigkeit bei Christus, unserem Herrn.

36. Bekehrung des Zweiflers

Auch theologisch wird Wolfgang gefordert. Ein Mann bezweifelt die weihnachtliche Aussage „Und das Wort ist Fleisch geworden" (Joh 1,14) und entgegnet: „Wenn es das Wort ist, ist es nicht geworden. Und wenn es geworden ist, ist es nicht das Wort." Der Kaiser bittet Wolfgang um Klärung in der Sache. *„Mit vernünftiger gründlicher Red und Antwort"* versucht es Wolfgang, der solche Dispute von seiner langen Schulerfahrung her kennen muss. Immer wieder stellt er Fragen, will wissen, wie der Gegner denkt und argumentiert, entwickelt den Gedanken weiter und präzisiert ihn. Nach einigem Hin und Her erklärt Wolfgang, dass der Sohn Gottes das Menschsein nicht wie ein Mönchsgewand angezogen habe, das er wieder ausziehen könne. *„Dies ist alles mit den Augen des Glaubens zu betrachten"*, betont Wolfgang. Schließlich hat der Zweifler ein Einsehen, seine Bücher gehen wie in Feuer auf.

Die Legende nennt den Gegner einen *„Andabaten"* – bei den Römern ein Gladiator, der mit geschlossenem Visier kämpfte, also ein „Blindkämpfer". Wolfgang hat ihm sozusagen die Augen geöffnet.

Im Bild zeigt Wolfgang auf das Kreuz, das ohne Weihnachten nicht fruchtbar wäre. – Hier erweist sich Wolfgang als guter und gefragter Theologe, der hinhören kann und aus dem Glaubensgeheimnis schöpft. Als Bischof ist er auch Lehrer des Glaubens, der wie die Apostel den ganzen Christus verkündet und gefragt ist, wenn ein zentrales Geheimnis des Glaubens in Frage gestellt wird.

„Jede Schrift ist, als von Gott eingegeben, auch nützlich zur Belehrung, zur Widerlegung, zur Besserung, zur Erziehung in der Gerechtigkeit, damit der Mensch Gottes gerüstet ist, ausgerüstet zu jedem guten Werk." (2 Tim 3,16 f.)

HEILIGER WOLFGANG, du Lehrer des Glaubens, erbitte uns den Heiligen Geist, der uns tiefer in die Geheimnisse der Weisheit Gottes einführt, bei Christus, unserem Herrn.

37. Die Abtrennung Böhmens

Im Jahr 973 bittet Kaiser Otto II. Bischof Wolfgang, der Trennung Böhmens vom Bistum Regensburg zuzustimmen. Seit 960 verhandelt Böhmen bereits mit dem Papst, aber das Regensburger Domkapitel ist dagegen, fürchtet es doch massive Einbußen an Macht und Finanzen.

In dem anfänglichen Missionsland Böhmen, aus dem bereits 845 vierzehn „Große" in Regensburg getauft wurden, konnte der Glaube langsam wachsen. Kyrill und Methodius, die großen Slawenmissionare, kamen 863 nach Mähren. 883 empfingen der böhmische Herzog Bořivoj I. und seine Frau Ludmilla (später heiliggesprochen) die Taufe. Seit 895 gab es in Prag bereits einige (lateinische) Stadtseelsorger.

Dennoch schaute Wolfgang mit Sorge auf Böhmen, *„da es gar keinen Hirten hatte"*. Wolfgangs Blick ist nicht auf Macht und Geld, sondern auf die Seelsorge gerichtet: *„Wir erblicken ... eine kostbare Perle, die wir nicht erwerben können ohne den Verkauf von Gütern"*, damit *„dort das Haus des Herrn gefestigt werde"*. So kommt es 973 zur Gründung des Bistums Prag.

Später wächst auch auf böhmischem Gebiet die Verehrung Wolfgangs, dem einige Kirchen geweiht werden, etwa in Kladruby (Kladrau), Starý Plzenec (Altpilsen) und Zelená Lhota (Grün).

„Als er eine besonders wertvolle Perle fand, ging er hin, verkaufte alles, was er besaß, und kaufte sie." (Mt 13,46)

Heiliger Wolfgang, durch deine Großmut konnte der Glaube im Osten wachsen und bis heute bestehen. Bitte für alle Christen in Böhmen und Mähren bei Christus, unserem Herrn.

38. Wolfgang unterrichtet die Kinder des Herzogs Heinrich

Der bayerische Herzog Heinrich „der Zänker“ bittet gemäß der Legende Bischof Wolfgang um die Erziehung seiner vier Kinder. Wolfgang sagt zu und „sieht“ in einer Vision deren große Zukunft – als König (Heinrich), Bischof (Bruno), Königin (Gisela) und Äbtissin (Brigida). Im Bild sind zu Füßen der Kinder die Insignien ihrer künftigen Aufgaben zu sehen.

Tatsächlich verbürgt ist die große politische und kirchliche Bedeutung von drei der vier Kinder des Herzogs: Der ältere Sohn und spätere Kaiser Heinrich II. und seine Frau Kunigunde gelten in der Kirche als Heilige. Gisela heiratet Stephan, den König von Ungarn und späteren Nationalheiligen. Sie selbst wird in Ungarn als Selige verehrt. Bruno war vor seiner Bischofsweihe ein enger Berater König Stephans. Lediglich die Rolle von Brigida als Äbtissin des Klosters Mittelmünster bleibt legendär.

Dass Bischof Wolfgang die Kinder Heinrichs unterrichtet, ist aus politischen Gründen ungewöhnlich: Wolfgang hatte als Reichsbischof in dem Streit eher zum Kaiser gehalten, Herzog Heinrich hingegen unterlag dem Kaiser und war lange eingesperrt. Erst 985 waren die politischen Verhältnisse geklärt, sodass er als bayerischer Herzog wieder nach Regensburg zurückkonnte. Wolfgang trägt nichts nach. Er weiß als Schüler, Lehrer und Schulleiter, wie wichtig gute Bildung ist, traut den Kindern viel zu und weckt so ihren Eifer.

„Daher betete ich und es wurde mir Klugheit gegeben; ich flehte und der Geist der Weisheit kam zu mir. Ich zog sie Zeptern und Thronen vor, Reichtum achtete ich für nichts im Vergleich mit ihr." (Weish 7,7 f.)

HEILIGER WOLFGANG, heiliger Erzieher und Lehrer, bitte für alle Frauen und Männer in den Familien und Schulen und erbitte unseren Regierenden Unterstützung in ihrer Verantwortung bei Christus, unserem Herrn.

39. Der glückliche Bote

Eines Abends kommt Bischof Wolfgang in das Dorf Eglofsheim und schickt einen Boten mit der Nachricht in die Umgebung, dass alle, die gefirmt werden wollen, am nächsten Tag kommen sollten. Doch dem Boten wird das Pferd gestohlen. Er geht am Abend noch zu Fuß los, um den Auftrag auszuführen, aber er kommt nicht weit: Immer wieder rutscht er ab, weil der Boden durch Regen nass und beschwerlich geworden ist.

Da betet er: *„Erbarme dich meiner, Herr, und erbarme dich meiner auch du, mein Herr Wolfgang."* Und so findet er plötzlich ein Pferd ohne Reiter vor sich, mit dem er den Auftrag seines Bischofs ausführen kann. Auch am nächsten Tag findet sich kein Besitzer für dieses Pferd, sodass es der Bote der Hilfe Gottes auf Bitten des Bischofs zuschreibt.

Firmreisen sind ein Stück Bischofsalltag: In der Firmung wird die Taufe vollendet und der Firmling begegnet im Bischof der Kirche als großer Glaubensgemeinschaft über den pfarrlichen Kirchturm hinaus. Eglofsheim, heute Alteglofsheim, liegt 13 km südöstlich von Regensburg und war vermutlich Besitz des Hochstifts (Bistum). Wolfgang stand also im weltlichen Sinne auf eigenem Boden. Und doch war es kein Selbstläufer: Ohne Botenarbeit wäre die Firmgemeinde nur sehr klein geblieben. Es braucht immer Boten, die losziehen, werben und sammeln. Pferdediebstahl, Regen, Angst, im Bild: Berg und Wald – all das kann überwunden werden mit Gottes Hilfe, viel Mut, vielleicht auch einem Stück Trotz und im Geist des Gebetes.

„Seinetwegen ist sein Bote erfolgreich und durch sein Wort ist all das zusammengefügt.“ (Sir 43,26)

Heiliger Wolfgang, stärke uns im Glauben und erbitte uns den Heiligen Geist, der Leben ist und lebendig macht, bei Christus, unserem Herrn.

40. Der Feldzug in Frankreich und der Rückzug

Als Bischof ist Wolfgang nach damaliger Regel auch Reichsfürst und muss Kaiser Otto II. 987 auf dem Feldzug gegen die Westfranken König Lothars (heutiges Frankreich) begleiten. Der Kaiser bricht die Belagerung von Paris jedoch ab, da der Winter bevorsteht. Auf dem Rückzug – so die Legende – kommen sie an den Fluss Aisne, den zu überqueren wegen hohem Wasser und der anbrechenden Nacht kaum möglich zu sein scheint. *„Als viele dort einen Versuch machten und das Leben im Wasser verloren, näherte sich aber der Verehrer Gottes mit den Seinigen, und wie er die ungeheure Gefahr sah, blickte er zum Himmel, segnete sich und die Seinen zuversichtlich und ermahnte, unerschrocken den Fluss selbst zu überschreiten. Als aber jene vor Angst noch zögerten und die Franken sie im Rücken angriffen, überquerte er den Fluss zuerst, begleitet durch den Namen des Herrn, ... gab den Nachfolgenden Gedeihen und keiner von den Seinigen litt irgendwelche Gefahr."*

Die Begebenheit zeigt den großen Mut des Heiligen, in der Zwangslage nicht aussichtslose Schlachten zu führen und Heldentode zu sterben, sondern den Rückweg anzutreten und mit Gottvertrauen durch das Wasser voranzumarschieren. Später lobt der Kaiser Wolfgang in einer Urkunde als *„sehr treu"* (fidelissimus).

Die Szene erinnert an die Rettung am Roten Meer, die Mose und das Volk Israel auf dem Weg aus Ägypten erlebt haben (Ex 14).

„Oder wenn ein König gegen einen anderen in den Krieg zieht, setzt er sich dann nicht zuerst hin und überlegt, ob er sich mit seinen zehntausend Mann dem entgegenstellen kann, der mit zwanzigtausend gegen ihn anrückt?“ (Lk 14,31)

Heiliger Wolfgang, Friedensstifter, erbitte uns die Klugheit und den Mut, den dir Gott geschenkt hat, bei Christus, unserem Herrn.

41. Bischof Wolfgang befreit eine Frau

Eine „besessene Frau“ wird zu Bischof Wolfgang geführt, wohl mit der Bitte um Heilung. Doch Wolfgang fürchtet die Neugier und den Beifall der Menschen und reagiert zurückhaltend: *„Was bringt ihr mir eure Kranken? Führt sie in die Kirche.“* Dort feiert Wolfgang einfach die Messe und wartet danach, bis alle die Kirche verlassen haben. Er betet kurz und will an der Frau vorbei hinausgehen. Als sie sich ihm in den Weg stellt, deutet er an, als wolle er sie schlagen, und spricht leise: *„Fahr aus, du Nichtsnutzigster!“* Die Frau sinkt befreit nieder und dankt Gott. Wolfgang trägt schließlich draußen dem Diener auf, die Frau hinauszuführen und ihr Essen anzubieten.

Das Vorgehen Wolfgangs ist klug und vorsichtig: Er nennt sie „krank“, nimmt die Frau aus der neugierigen Menschenmenge heraus in das liturgische Geschehen hinein – weg vom Lärm und der Neugierde der Straße hinein in die Kirche zur Messe und zum Gebet. Erst als er beim Weggehen gehindert wird, greift er zu Worten und Gesten, die an einen Exorzismus erinnern. Und er kümmert sich darum, dass die befreite Frau begleitet und versorgt wird. Gottvertrauen, Nüchternheit und wirkliche Hilfe prägen sein Tun, nicht Aufsehen und Theatralik.

„Als Jesus am frühen Morgen des ersten Wochentages auferstanden war, erschien er zuerst Maria aus Magdala, aus der er sieben Dämonen ausgetrieben hatte.“ (Mk 16,9)

Heiliger Wolfgang, bitte für uns in allen Kämpfen gegen das Böse bei Christus, unserem Herrn.

42. Wolfgang verlässt Regensburg

Wolfgang will im Jahr 994 noch einmal in die Regensburger Besitzung Pöchlarn an der Donau (zwischen Ybbs und Melk). Doch der 70-Jährige hat bereits Fieber und bangt mit *„Wachen und Beten"* und durch Almosen um seine Gesundheit: *„... wie wenn er das Zukünftige vorauswisse. Alles, was er haben konnte, schickte er durch die Hände der Armen in die Schatzkammer Christi hinüber."*

Es wird die letzte Reise Wolfgangs und er scheint es zu ahnen. Im Hintergrund des Bildes ist noch einmal die Pracht der Bischofsstadt angedeutet: Wolfgang überquert den Strom auf einer steinernen Brücke, die in Regensburg eigentlich erst 1146 fertiggestellt wurde und damit nicht dem heiligen Wolfgang, aber dem Künstler des Bildes kurz vor 1515 gut bekannt gewesen sein konnte. Vielleicht sollte die vielfältige Brückenbauer-Funktion des heiligen Wolfgang angedeutet werden. Auch wenn das Bild ihn auf dem Pferd darstellt, wird Bischof Wolfgang für seine letzte Wegstrecke das bequemere und schnellere Schiff gewählt haben (s. nächstes Bild Nr. 43).

„Jetzt schauen wir in einen Spiegel und sehen nur rätselhafte Umrisse, dann aber schauen wir von Angesicht zu Angesicht." (1 Kor 13,12)

Heiliger Wolfgang, begleite uns mit deiner Fürbitte auf unserer letzten Reise und erbitte uns Stärke im Glauben und in der Hoffnung bei Christus, unserem Herrn.

43. Der kranke Wolfgang kommt nach Pupping

Wolfgang spürt, dass es zu Ende geht. Er lässt sich bei Pupping ans Ufer bringen zu der nahegelegenen Kapelle und vor den Altar hinlegen. Auf Nachfrage erfährt der Heilige, dass sie dem heiligen Othmar geweiht ist – da erinnert er sich an eine frühere Vision, in der ihm Othmar den Tod in einer Othmarskapelle vorausgesagt hatte (s. Nr. 11).

Zum Sterben in eine Kapelle? Das klingt heute ungewöhnlich. Was wäre – wenn überhaupt – die Alternative gewesen? Eine kleine Stube eines naheliegenden Bauernhauses vielleicht? Oder ein Kloster? Wolfgang zieht es in die Kapelle: Christus „wohnt" hier im Altarssakrament im Tabernakel in besonderer Weise, die Kapelle ist Gott geweiht, „Haus Gottes" und durch die Gläubigen „warmgebetet". Wenn dann auch noch der Kirchenpatron Othmar vertraut ist, ist es wie ein mehrfaches Nach-Hause-Kommen.

Eine winzige Kapelle in Brandstatt bei Pupping erinnert heute an die Stelle, an der Wolfgang das Ufer betreten haben soll. Pupping, etwa eineinhalb Kilometer seitlich der Donau, gehörte damals zum Herzogtum Bayern, heute zu Oberösterreich, und ist etwa 30 Donaukilometer von der deutschen Grenze entfernt. Dass es sich bei Pupping um (Ober-)Piebing bei Straubing gehandelt haben könnte, ist hingegen sehr unwahrscheinlich.

*„Eines habe ich vom HERRN erfragt, dieses erbitte ich:
im Haus des HERRN zu wohnen alle Tage meines Lebens."
(Ps 27,4)*

HEILIGER WOLFGANG, zeige uns den wahren Reichtum unseres Lebens und erbitte uns den Weg zu einem christlichen Sterben bei Christus, unserem Herrn.

44. Der schwerkranke Wolfgang beichtet und empfängt die Wegzehrung

Das Sterben Wolfgangs in der Othmarskapelle bei Pupping wird in der Legende ausführlich beschrieben: Er findet wieder etwas Kraft, setzt sich ein wenig auf und *„durch die Beichte entsühnte er zuerst sich selbst"*. Zu den Anwesenden spricht er dann über Glaube, Hoffnung und Liebe und vertraut sie im Gebet Gott und den Heiligen an. Schließlich empfängt er die Kommunion als letzte Wegzehrung.

Die Grundzüge der „Kunst des Sterbens" („ars moriendi") sind dem Mönch Wolfgang nicht unbekannt: „Den unberechenbaren Tod täglich vor Augen haben" gehört in der Benediktregel zu den „Werkzeugen der geistlichen Kunst" (RB 4,47). Gott in der Beichte um Vergebung der eigenen Schuld bitten, die Umstehenden trösten und stärken, für sie und alle beten und dann den eucharistischen Christus als Stärkung auf dem letzten Weg empfangen – in allem wird uns der heilige Wolfgang als Vorbild für unser Leben und Sterben vor Augen gestellt.

„Aus den Tiefen rufe ich, HERR, zu dir: Mein Herr, höre doch meine Stimme! Lass deine Ohren achten auf mein Flehen um Gnade. Würdest du, HERR, die Sünden beachten, mein Herr, wer könnte bestehn?" (Ps 130,1–3)

Heiliger Wolfgang, durch dein Sterben hast du uns ein Vorbild der Hoffnung und der Zuversicht gegeben. Bitte für uns auch auf unserem letzten Weg bei Christus, unserem Herrn.

45. Wolfgang stirbt im Kreis der Gläubigen

Die Diener des sterbenden Bischofs wollen die Leute aus der Kirche treiben, nur die engsten Vertrauten sollten bleiben. Da ordnet ihnen Wolfgang an: *„Öffnet die Türen und lasst alle herein, die mich sterben sehen wollen. Sterben ist keine Schande. Schande bringt nur ein schlechtes Leben. Hat sich doch auch Jesus Christus nicht geschämt, am Kreuz beinahe nackt zu sterben für das Heil der Menschen. Es mag jeder an meinem Tod schauen, was er in seinem eigenen zu erwarten und zu fürchten hat. (...) So übergab er die Seele den heiligen Sternen des Himmels zurück."* Es ist der Vortag von Allerheiligen, der 31. Oktober 994.

Die letzten Worte Wolfgangs sind ein christliches Gegenbild zum modernen Verbergen des Sterbens und der Sterbenden. Wolfgang will nicht allein sterben, auch nicht nur im engsten Kreis. Er war Bischof für viele und gibt damit für viele ein großes Zeugnis.

Auf dem Bild beten Gläubige aus Büchern, einer gibt Weihwasser als Erinnerung an die Taufe. Das Bild setzt den Sterbenden noch einmal auf einen Stuhl, fast wie auf einen Thron. Drei Engel über den Köpfen deuten die Nähe des Himmels an.

Die Worte von den „heiligen Sternen des Himmels" erinnern an das Bild der Geburt (Nr. 1), als die Mutter Wolfgangs in einer Vision einen Stern in ihrem Schoß „sieht" und am Himmel Sterne leuchten. So schließt sich der Lebenskreis Wolfgangs.

„Ich hoffe auf den HERRN, es hofft meine Seele, ich warte auf sein Wort. Meine Seele wartet auf meinen Herrn mehr als Wächter auf den Morgen, ja, mehr als Wächter auf den Morgen." (Ps 130,5 f.)

HEILIGER WOLFGANG, du Vorbild im Leben und im Sterben, bitte für uns um Liebe und Erbarmen bei Christus, dem Gekreuzigten, unserem Herrn.

46. Die Begleiter feiern das Requiem

Das Bild zeigt den verstorbenen Bischof Wolfgang neben dem Altar aufgebahrt. Ein Priester feiert das Requiem und bittet den gekreuzigten und auferstandenen Christus um Erlösung und um das ewige Leben für den Verstorbenen.

Währenddessen sorgen sich alle um das rechte Tun: Woher einen Bischof für eine angemessene Totenliturgie nehmen? Wie den Leichnam nach Regensburg bringen? Die Legende erzählt von Erzbischof Hartwig von Salzburg und Graf Aribo von Andechs, die „zufällig" in der Nähe sind und auf der Donau einen Schiffbruch erleiden; sie erfahren vom Tod Wolfgangs und eilen herzu.

Möglicherweise war ein Treffen der drei geplant, das dann nicht mehr stattfinden konnte. Bischof Hartwig war wie Wolfgang der Gorzer Klosterreform zugetan, und in seinem Gebiet befanden sich Regensburger Besitzungen, zu denen Wolfgang unterwegs war. Graf Aribo, den Wolfgang als „Allerliebsten" (carissimus) sehr schätzte, war mit Bischof Pilgrim von Passau verwandt, der Wolfgang nach seiner schwierigen Ungarn-Mission aufgenommen und schließlich als Bischof empfohlen hatte.

Ein roter Marmorstein aus dem Jahr 1467 erzählt, dass das Herz des Verstorbenen in der Othmarskapelle (später: Wolfgangskapelle) in Pupping beigesetzt wurde. Heute steht an der Stelle der Kapelle ein Kloster in franziskanischer Tradition.

„Die Hoffnung aber lässt nicht zugrunde gehen; denn die Liebe Gottes ist ausgegossen in unsere Herzen durch den Heiligen Geist, der uns gegeben ist." (Röm 5,5)

HEILIGER WOLFGANG, zeige uns die Leben spendende Kraft der Eucharistie im Leben und im Sterben und bitte für uns bei Christus, unserem Herrn.

47. Der Leichnam Wolfgangs wird nach Regensburg gebracht

In einem Boot wird der Leichnam des heiligen Bischofs Wolfgang auf der Donau von Pupping nach Regensburg gebracht. Sieben Tage dauert die mühsame Fahrt stromaufwärts, angeführt von Erzbischof Hartwig von Salzburg und Graf Aribo von Andechs.

Die Donau verbindet Bischof Wolfgang mit seiner schwäbischen Heimat ebenso wie mit den Ländern des Ostens, nach denen sich Wolfgang kurz als Missionar und später als Bischof immer wieder ausgestreckt hatte. Auf dieser europäischen Lebensader kehrt er nun zurück in „sein" Regensburg.

Das Bild zeigt die lange Steinerne Brücke Regensburgs wie ein Symbol für das Lebenswerk eines Brückenbauers, der für unzählige Menschen auch kluger Lehrer, betender Mönch und fürsorglicher Helfer zu Lebzeiten war und über den Tod hinaus blieb.

„Als die Tage seines Dienstes zu Ende waren, kehrte er nach Hause zurück." (Lk 1,23)

Heiliger Wolfgang, führe uns an Wasser des Lebens durch dein Gebet bei Christus, unserem Herrn.

48. Die Gebete für den verstorbenen Bischof

Als der Leichenzug mit Bischof Wolfgang in Regensburg ankam, *„trug man den Leichnam zuerst unter großem Zulauf des Volkes nach Weih Sankt Peter. Dort hielten Erzbischof Hartwig und andere hohe Geistliche Vigil, Seelenmesse und Ämter. Darnach ward der Leichnam in alle Klöster getragen und mit viel Gottesdienst gar löblich besungen."*

Prozession und Stationen erinnern an den Einzug am Beginn des bischöflichen Wirkens, als er durch die Klosterkirchen ging und dort zu den Patronen betete, bevor er im Dom St. Peter geweiht wurde. Noch einmal wird er nun an die wichtigsten Glaubens- und Lebensorte der Stadt gebracht, wo die Gläubigen von ihrem Bischof mit Gebeten und Gesängen Abschied nehmen. Ziel ist die Klosterkirche St. Emmeram.

„Der HERR behütet dein Gehen und dein Kommen von nun an bis in Ewigkeit.“ (Ps 121,8)

HEILIGER WOLFGANG, du hast mit deinem Glauben und deiner Liebe die Stadt und die Menschen geprägt. Sei uns nahe mit deinem Gebet bei Christus, unserem Herrn.

49. Wolfgang wird in der Kirche St. Emmeram beigesetzt

„Zuletzt trug man Sankt Wolfgangs Leichnam mit großen Ehren in das Sankt Emmerams Kloster und bestattete ihn zu Erden."

Wolfgang wird – wie alle seine zwölf Vorgänger – im südlichen Seitenschiff der Klosterkirche St. Emmeram beigesetzt. Bald setzt seine Verehrung ein und Gläubige berichten von wunderbaren Gebetserhörungen. Die Emmeramer Mönche Arnold und Otloh schreiben ein paar Jahrzehnte später die Lebensgeschichte Wolfgangs auf. Am 7. Oktober 1052 wird Wolfgang von Papst Leo IX. in Regensburg heiliggesprochen und seine Gebeine werden in die neu errichtete Krypta von St. Emmeram gebracht, wo sie bis heute verehrt werden.

„Mit Christus wurdet ihr in der Taufe begraben, mit ihm auch auferweckt, durch den Glauben an die Kraft Gottes, der ihn von den Toten auferweckt hat.“ (Kol 2,12)

HEILIGER WOLFGANG, heiliger Bischof und großer Fürsprecher in allen Nöten, steh uns bei und bitte für uns bei Christus, unserem Herrn.

50. Pilger kommen zum heiligen Wolfgang

Das Grab in Regensburg-St. Emmeram wird zum Zielort der Verehrung des heiligen Wolfgang. Bald werden erste Kirchen im Umfeld des Klosters St. Emmeram in Matting, Eilsbrunn und Etterzhausen ihm gewidmet. Acht „Bruderschaften zum heiligen Wolfgang" in Regensburg gehen auf Wolfgang zurück oder werden ihm geweiht. Auch zum Sterbeort Pupping kommen Pilger, und das Patrozinium der Kirche wechselt bald vom heiligen Othmar zum heiligen Wolfgang.

Die weitaus größte Verehrung entsteht ab dem 15. Jahrhundert in St. Wolfgang am Abersee/Wolfgangsee und an verschiedenen Orten in Ober- und Niederösterreich. St. Wolfgang am Abersee wird zeitweise zu einem der größten Wallfahrtsorte Europas und wirkt auf die anderen Orte der Verehrung des heiligen Bischofs zurück. Er ist Hauptpatron der Diözese Regensburg, eine alljährliche diözesane Wolfgangswoche Ende Juni ist dort Zeichen der lebendigen Verehrung, und der Sterbetag des Heiligen (31. Oktober) wird diözesanweit als Hochfest begangen.

Zahlreiche Wolfgangskirchen in Deutschland, Österreich, Tschechien, der Schweiz, Italien und Kroatien zeugen von einer großen Wertschätzung des Heiligen, manche Kirchen mit eigener Legenden- und Wallfahrtstradition.

„Selig, die ihre Gewänder waschen: Sie haben Anteil am Baum des Lebens und sie werden durch die Tore in die Stadt eintreten können.“ (Offb 22,14)

Gott, du hast uns im heiligen Wolfgang einen Mann des Geistes und der Tat geschenkt und ihn berufen, als Mönch und Bischof auf vielfache Weise deinem Volk zu dienen. Gib auch der Kirche unserer Zeit die Weite seines Geistes und die Kraft seiner Liebe. Darum bitten wir durch Christus, unseren Herrn. Amen.

(Tagesgebet vom heiligen Wolfgang, 31. Oktober)

Quellen und Literatur

Biblische Zitate entnommen aus: Die Bibel. Einheitsübersetzung, Stuttgart 2016.

Legenden

Arnoldus de S. Emmeramo, Liber II, vor 1037, in: MGH SS4, 543–573.

Othlo monachus S. Emmerami Ratisponensis, Vita s. Wolfkangi, 1032–1052, in: MGH SS4, 525–542.

Wolfgang Gfeller (Übersetzer), Das Leben des heiligen Wolfgang von Regensburg. Ein Wiegendruck aus Burgdorf 1475 (Separatdruck aus dem Burgdorfer Jahrbuch 1988), 77–133. (Deutsche Übersetzung der Otloh-Legende)

Rhythmus de S. Wolfkango (Legenden um den Mondsee, 15. Jh.), in: Acta Sanctorum, Nov. II, 1, 583–586.

Holzschnittbuch mit 50 Holzschnittbildern

Johann Weißenburger, Hie hebt sich ann das leben unnd legend des himelfürst und heiligen peichtigers Sand Wolfgangs, Landshut 1516.

Hans Bleibrunner (Hg.), Das Leben des Heiligen Wolfgang, nach dem Holzschnittbuch des Johann Weyssenburger aus dem Jahr 1515, Regensburg 1967.

Weitere Quellen

Georg Schwaiger, Der heilige Bischof Wolfgang von Regensburg (972–994), in: ders. / Paul Mai (Hg.), Regensburger Bistumspatrone, München/Zürich 1988, 85–105.

Franz Lipp, Das Beil des heiligen Wolfgang, in: Der heilige Wolfgang und Oberösterreich (Schriftenreihe des Oberösterreichischen Musealvereins, Band 5), Linz 2/1994, 159–180.

Manuela Daschner, Alte Traditionen und Vielfalt der Lebensformen. Die Regensburger Frauenklöster und Damenstifte, in: Klaus Unterburger / Karl Hausberger (Hg.), Domspatzen, Bischofshof und Heiligengräber. Zwei Jahrtausende Christentum in Regensburg, Regensburg 2014, 103–117.

Rudolf Graber, St. Wolfgang heute 972–1972. Predigten und Ansprachen zur 1000-Jahr-Feier der Ernennung des hl. Wolfgang zum Bischof von Regensburg, Sonderdruck des Regensburger Bistumsblattes, Regensburg 1972.